NOTICE

SUR

PLOMBIÈRES-LES-BAINS

(VOSGES)

PAR

Dr DAVILLER

EX-INTERNE DES HÔPITAUX
ET LAURÉAT DE L'ÉCOLE DE MÉDECINE DE NANCY
MEMBRE ET LAURÉAT DE LA SOCIÉTÉ FRANÇAISE DE TEMPÉRANCE
(MÉDAILLE D'ARGENT EN 1888)
MEMBRE DE LA SOCIÉTÉ D'HYDROLOGIE DE PARIS
MEMBRE CORRESPONDANT DE LA SOCIÉTÉ DE MÉDECINE PRATIQUE DE PARIS
ET DE LA SOCIÉTÉ DE MÉDECINE DE NANCY
MÉDECIN CONSULTANT AUX EAUX DE PLOMBIÈRES

Nosce prius patriam.
(OVIDE)

NANCY

IMPRIMERIE BERGER-LEVRAULT ET Cie

11, RUE JEAN-LAMOUR, 11

1890

NOTICE

SUR

PLOMBIÈRES-LES-BAINS

(VOSGES)

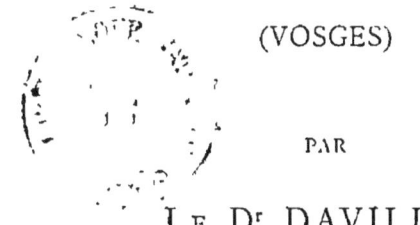

PAR

LE Dʳ DAVILLER

EX-INTERNE DES HÔPITAUX
ET LAURÉAT DE L'ECOLE DE MEDECINE DE NANCY
MEMBRE ET LAUREAT DE LA SOCIÉTE FRANÇAISE DE TEMPÉRANCE
(MEDAILLE D'ARGENT EN 1888)
MEMBRE DE LA SOCIETE D'HYDROLOGIE DE PARIS
MEMBRE CORRESPONDANT DE LA SOCIETE DE MEDECINE PRATIQUE DE PARIS
ET DE LA SOCIÉTÉ DE MEDECINE DE NANCY
MEDECIN CONSULTANT AUX EAUX DE PLOMBIÈRES

Nosce prius patriam.
(OVIDE)

NANCY

IMPRIMERIE BERGER-LEVRAULT ET Cⁱᵉ

11, RUE JEAN-LAMOUR, 11

1890

PLOMBIÈRES

SES EAUX THERMALES

LEUR COMPOSITION CHIMIQUE, LEURS PROPRIÉTES

ET LES

MALADIES AUXQUELLES ELLES S'APPLIQUENT

> Sur un lit de cailloux, qu'autrefois les Romains
> Ont, dans un val étroit, cimenté de leurs mains,
> Entre deux monts cornus, au fond d'un précipice,
> D'un faubourg de Paris vous trouvez une esquisse :
> C'est Plombières. C'est là que vingt sources au moins
> Préviennent, en été, vos vœux et vos besoins.
> C'est là qu'un air salubre et des vapeurs bouillantes
> Raniment, par degrés, vos forces chancelantes,
> Rendent le mouvement à vos membres perclus
> Et même l'appetit à ceux qui n'en ont plus.
>
> FRANÇOIS DE NEUFCHATEAU.
> (*Les Vosges*, poeme, vendémiaire an V.)

I.

Description des sources.

Plombières possède des eaux thermales classées en trois catégories :

Des eaux très chaudes (62° et au-dessus jusqu'à 70°);

Des eaux chaudes (49° à 55°);

Des eaux tempérées ou savonneuses (de 13° à 33°).

Ces sources émergent sous la ville elle-même et, si vous le voulez bien, nous allons descendre ensemble dans l'*Aqueduc du Thalweg*, où se trouvent réunies et captées les sources principales.

Entrons par les étuves romaines, car c'est de ce côté que nous allons rencontrer les choses les plus curieuses et les plus intéressantes. Après avoir traversé l'antichambre de l'étuve principale, nous arrivons à une double porte qui s'ouvre sur un escalier profond et sombre. Nous le descendons et nous touchons au pavé du Thalweg, lequel se trouve environ à 5 mètres au-dessous du niveau de la rue.

Dirigeons-nous vers la partie nord de l'aqueduc.

A droite, construction en maçonnerie de date récente; à gauche, roches granitiques, moutonneuses, usées, corrodées par le temps et l'action des eaux; en haut, substructions romaines formées d'un béton compact, solide et d'une résistance extrême; à nos pieds le dallage moderne.

Au fur et à mesure que nous avançons vers le nord, la vapeur d'eau devient plus épaisse et la chaleur très intense.

Nous faisons ainsi, dans cette direction, un trajet de 20 à 30 mètres, et nous arrivons à un évasement de la galerie qui forme l'extrémité nord de celle-ci. Ici, la chaleur ambiante atteint son maximum et le thermomètre accuse la température excessive de 48°.

Trois sources émergent à cet endroit: la source du Robinet romain, découverte lors des travaux de captage exécutés en 1854 par l'ingénieur Jutier (71°); la source Stanislas dont la température oscille entre 69°,04 et 70°; et enfin la source Vauquelin, dont la température est de 69°,8.

En raison de la température élevée de ces sources et de leur situation au-dessus du niveau des autres, on les a destinées à alimenter les étuves et on a utilisé ainsi leur vapeur au niveau même de leur émergence du sol.

Dans cette même partie de l'Aqueduc, on constate l'existence de deux autres sources, la première dont la température est de 52°,05, et la seconde de 40°,50.

En redescendant la galerie du Thalweg, on rencontre, sur la paroi sud, les sources comprises entre les n°ˢ 6 et 1. Sur la paroi nord, entre les n°ˢ 5 et 6, se trouve la source Mougeot.

Ces diverses sources ont une température qui varie entre 55° et 65°; par conséquent une température moyenne de 59°,03.

« L'eau s'élève du fond en traversant des alluvions et s'échappe de l'enchambrement principal dans une cuvette de passage d'où elle retombe dans le canal en pierres de taille qui recueille et réunit tous les produits. » (*Jutier et Lefort.*)

En résumé, les 13 sources mises à découvert par les travaux de captage, fournissent 465 mètres cubes d'eau en 24 heures, à la température moyenne de 58°,14.

Les sources dites *savonneuses* sont au nombre de cinq. Elles se distinguent des précédentes en ce qu'elles émergent à un niveau plus élevé, qu'elles possèdent une température moindre, et que leur température, ainsi que leur débit, sont sujets à des variations assez considérables. Leur température moyenne varie entre 26° et 29° et leur débit est de 45 à 50 mètres cubes en 24 heures.

Pour terminer cette brève description des sources thermales de Plombières, il nous reste à dire quelques mots des sources dites isolées.

Elles sortent des berges de la vallée à des hauteurs variables. On en compte six qui portent le nom de :

1° Source des Dames (eau en boisson);
2° Source du Crucifix —
3° Source des Capucins —
4° Source Fournie —
5° Source Lambinet —
6° Source Müller —

II.

Composition chimique de ces eaux.
Action thérapeutique des différentes substances qu'elles renferment.

1° GAZ.

S'il est incontestable que les différentes substances minérales ou organiques contenues dans les eaux de Plombières exercent une action spéciale et déterminée sur tel organe ou tel appareil d'organes, il ne faut pas croire que les gaz libres ou combinés que l'analyse y a découverts ne sont là que comme des corps inertes et sans aucune utilité thérapeutique.

Une première chose digne de remarque, c'est que la quantité des gaz oxygène et acide carbonique contenue dans ces eaux augmente au fur et à mesure que la température diminue, tandis que, pour l'azote, c'est l'inverse qui existe.

Le tableau suivant rend compte de cette particularité :

	Température moyenne	Acide carbonique.	Oxygène.	Azote.
Sources très chaudes. .	69,40	0,07	1,1	97,32
— chaudes. . . .	56,82	0,07	5,2	94,1
— tempérées. . .	29,64	1,2	17,4	81,4

a) *Acide carbonique*. — Il est reconnu qu'une des propriétés physiques inhérentes à l'acide carbonique est de produire l'anesthésie des parties avec lesquelles il est mis en contact. Qu'y aurait-il dès lors d'illogique à admettre que, dans certains cas d'hyperesthésie cutanée (hystérie, névralgies diverses, etc.), le gaz acide carbonique ne fût un puissant modificateur, un agent sédatif d'une nature spéciale et d'une action certaine? Qu'il agisse par simple catalyse ou par absorption, qu'il influence directement ou par voie détournée les papilles nerveuses en souffrance, peu importe : son efficacité est réelle. On a tellement bien compris l'effet physiologique de ce gaz, que dans certaines stations thermales, à Vichy, à Saint-Alban, à Nauheim, etc., on utilise ce gaz en le recueillant directement dans des baignoires spécialement affectées à cet usage. On prend alors de véritables bains d'acide carbonique.

b) Oxygène. — Si le gaz précédent agit comme sédatif du système nerveux, l'oxygène régularise la circulation cutanée, tonifie la peau, et modifie d'une manière très avantageuse, ainsi que l'ont démontré les expériences du docteur Demarquay, certains ulcères atoniques en y déterminant un afflux sanguin parfois considérable.

c) Azote. — On sait que ce gaz est inerte et qu'il n'est associé aux deux gaz précédents que pour modifier leur action, surtout celle de l'oxygène. Il ne joue donc, en combinaison ou en liberté dans les eaux thermales, qu'un rôle tout à fait passif.

d) Acide sulfhydrique. — Les anciens écrits sur les eaux de Plombières y signalent l'existence du soufre, à tel point que Berthemin, médecin du duc de Lorraine, dit que « l'odeur le témoigne lorsque l'air est épaissi par quelque pluie ou nuée obscure, etc. » D'autres auteurs ne relatent nullement cette particularité, de sorte qu'on serait porté à croire que l'existence du soufre dans les eaux de Plombières est intermittente. Quoi qu'il en soit, il n'en existe pas de traces aujourd'hui, car les réactifs employés pour le découvrir ont toujours donné un résultat négatif.

2° SELS.

a) Soude et potasse. — Ces deux bases se trouvent dans les eaux de Plombières à l'état de combinaison avec les acides carbonique, sodique et arsénieux pour former le bicarbonate de soude et de potasse, le silicate de soude et l'arséniate de potasse.

On connait les propriétés de ces deux bases et le parti qu'on en a tiré dans le traitement : 1° de la dyspepsie ; 2° du vertige stomacal (Bretonneau) ; 3° de la pléthore ; 4° de l'angine de poitrine (Bretonneau).

Ce praticien associe dans ce cas le bicarbonate de soude à la belladone. Mais c'est surtout dans la dyspepsie acide que l'efficacité de ce corps a été constatée. On prévoit, dès à présent, la conclusion à tirer de ce fait au point de vue du traitement de cette maladie par les eaux de Plombières.

Celles-ci, en effet, contiennent environ de 2 à 3 centièmes de centimètre cube de ces carbonates par litre d'eau. On comprend que cette dilution extrême les met dans les conditions les plus favorables pour être absorbées, soit par la peau, soit par l'estomac.

b) Chaux et magnésie. — Contrairement à ce qui a lieu pour les deux bases précédentes, plus les eaux sont à une température élevée, moins elles sont riches en sels de chaux et de magnésie.

La quantité de ces dernières bases varie, par litre, entre 1/10 et 1/20 de centimètre cube. Elles s'y rencontrent en combinaison avec l'acide carbonique sous forme de bicarbonates.

L'action thérapeutique de ces bases est un peu différente de celle des précédentes, au moins la magnésie qui agit comme purgatif. Quant à la chaux, elle offre une certaine analogie avec les bases de la catégorie précédente en ce sens qu'elle est employée aussi pour neutraliser les acides de l'estomac. En effet, sous forme de carbonate, elle constitue la base des préparations dites *absorbantes*.

c) Arsenic. — C'est en 1847 que le chimiste Caventou signala, le premier, la présence de l'arsenic dans les eaux de Plombières. Depuis, de nouvelles et nombreuses expériences ont été faites, qui sont venues confirmer l'exactitude de cette découverte.

Il serait trop long et complètement en dehors du sujet de tracer l'histoire thérapeutique d'une substance telle que l'arsenic. Contentons-nous seulement de citer les quatre maladies principales dans lesquelles l'arsenic intervient particulièrement comme agent curatif dans les eaux de Plombières, savoir : la *fièvre intermittente*, l'*herpétisme*, l'*état nerveux* et les *maladies chroniques des voies digestives*.

Tels sont les principaux corps et composés chimiques dont l'action est surtout efficace dans les maladies traitées à Plombières.

Il en existe encore d'autres, mais leur action est bien moins connue et moins certaine que celle des précédents ; d'ailleurs la plupart ne s'y rencontrent qu'à l'état de traces.

Citons-les, néanmoins, pour mémoire. Ce sont : le sulfate d'ammoniaque, le silicate de lithine, d'alumine, le fluorure de calcium, les oxydes de fer et de manganèse, et enfin, une matière organique azotée que les chimistes ont désignée sous le nom de *glairine*.

En résumé, si le professeur Gubler range les eaux thermo-minérales de Plombières parmi les eaux dites *inermes,* c'est-à-dire à peu près indifférentes sous le rapport de la composition et agissant surtout par la température qu'elles possèdent, nous pensons cependant qu'on pourrait leur appliquer une autre dénomination, en tenant compte de leur composition chimique, d'ailleurs bien définie. Nous pensons qu'en les rangeant dans la catégorie des *arséniatées-sodiques,* on se rapprocherait beaucoup de la vérité.

III.

Principales maladies traitées à Plombières.

1° Maladies chroniques du tube digestif et intestinal ;

2° Rhumatisme articulaire, musculaire, sciatique et viscéral ;

3° Goutte ;

4° Maladies des femmes (métrite, névralgies utérines, troubles menstruels, stérilité) ;

5° Affections de la peau (prurigo, psoriasis, eczéma) ;

6° Affections du système nerveux (névralgies, névroses, hystérie, chorée) ;

7° Affections générales (chlorose, anémie, cachexies, etc.).

Il serait superflu de dire que le traitement thermal des maladies ci-dessus doit nécessairement varier. Si le bain de vapeur convient au rhumatisme, la douche écossaise ne lui convient pas, et si celle-ci s'applique à merveille au traitement de l'anémie et des névroses, le bain de vapeur est absolument contre-indiqué. Et de même pour les autres affections.

C'est donc au praticien de guider, de bien suivre ses malades; et nous ne saurions trop recommander à ceux-ci de ne pas imiter certaines personnes qui s'en rapportent aux on-dit ou aux conseils des gens incompétents. Qu'arrive-t-il alors? C'est qu'au bout de quelques jours, nous sommes appelé près de ces malades imprudents pour redresser les erreurs souvent grossières qu'ils commettaient dans leur mode de traitement, ce qui n'avait pas manqué d'aggraver leur état.

Disons maintenant quelques mots des divers établissements thermaux de Plombières.

Il en existe six qui sont :

1° Le bain Stanislas ;
2° Le bain des Dames ;
3° Le bain Romain ;
4° Le bain National ;
5° Le bain Tempéré et le bain des Capucins ;

6° Les Nouveaux-Thermes ou bain des Grands-Hôtels.

Tous renferment des cabinets de bains et des douches de toute sorte.

Mais le bain Stanislas mérite une mention toute particulière. Aménagé depuis quelques années seulement, il possède, comme les autres, des cabinets de bain et des douches de toute sorte, mais il constitue pour ainsi dire l'annexe et le complément des magnifiques et antiques étuves romaines sur lesquelles il est bâti. C'est, en effet, dans le bain Stanislas que sont installées les salles si confortables et si modernes de sudation et de massage, lesquelles communiquent directement avec les chambres de vapeur. On peut donc dire de ces étuves romaines, et c'est l'avis unanime, qu'elles sont uniques et qu'elles constituent le plus beau fleuron de la couronne de Plombières.

Aussi leur succès va-t-il croissant d'année en année, et le nombre de bains de vapeur administrés, au lieu d'être, comme avant l'établissement du bain Stanislas, de quelques centaines, dépasse maintenant trois mille.

Ce chiffre est plus éloquent que toutes les démonstrations, et le nom des arthritiques[1] guéris chaque année par leur emploi, formerait un livre d'or d'une authenticité et d'une valeur incontestables.

[1]. Voir, pour plus de détails sur le traitement de l'arthritis, notre *Notice sur les Étuves romaines de Plombières*.

IV.

Plombières et ses environs.

Bien qu'on ait écrit de très nombreux volumes sur Plombières, et cela depuis Camerarius (1514), on n'est pas encore fixé aujourd'hui sur la véritable étymologie de ce nom. Les uns le font dériver de deux mots celtiques : *plon*, eau, et *ber*, chaude. D'autres prétendent que les Allemands, qui fréquentaient ces eaux au moyen âge, l'avaient appelé *Blumbers-Bad* (Bain des Fleurs), d'où Plombières. Cependant, la première étymologie nous paraît plus admissible. Quoi qu'il en soit, il serait superflu d'insister sur la haute antiquité des eaux de Plombières.

Depuis que les travaux de l'ingénieur Jutier (1854) ont mis à découvert ces admirables et solides substructions, vestiges indiscutables du séjour des Romains dans les Vosges, on est fixé sur deux points : le premier, c'est que ce peuple avait reconnu l'efficacité de ces eaux et les avait aménagées pour son usage ; le second, c'est qu'ils s'entendaient fort bien aux travaux de ce genre.

Des cataclysmes physiques, des invasions ou des guerres semblent avoir plusieurs fois, dans la suite des siècles, détruit la ville de Plombières, car il est dans son histoire des lacunes qu'il est impossible de combler. Passons donc outre, et arrivons à l'époque de son véritable règne, si nous pouvons nous exprimer ainsi, c'est-à-dire au commencement du XVIIe siècle.

Fuchsius, Montaigne, dom Calmet, Berthemin en parlent fort longuement dans leurs écrits, et les personnages les plus illustres, depuis les filles de Louis XV jusqu'au bon roi Stanislas, qui fut un des bienfaiteurs de Plombières, depuis Camerarius jusqu'à Voltaire, y sont venus, tour à tour, chercher un adoucissement et souvent une guérison à leurs souffrances. Et après eux, jusqu'à nos jours, que de personnages considérables, que de princes, que de nobles, que de célébrités en tous genres y sont venus recouvrer la santé !

Nous ne saurions terminer sans dire quelques mots de Plombières au point de vue pittoresque.

Suivez-nous donc et gravissons ensemble la route d'Épinal.

A droite et à gauche, deux collines verdoyantes et boisées ; dans le fond la ville avec son élégant clocher et ses coquettes habitations ; au nord et au sud, tout un amphithéâtre de verdure agrémenté çà et là de maisons pour ainsi dire suspendues au flanc des collines. Dans la vallée, la ligne du chemin de fer, et le longeant dans tout son parcours le joli ruisseau d'Eaugronne qui se précipite en murmurant gaiement entre les roches et au milieu des prés en fleurs.

Quand la vue se promène sur cet horizon si vivant et si poétique, on oublie volontiers l'architecture classique des grandes villes ; dans ce milieu paisible, on se repose avec délices du bruit et de l'agitation qui y règnent continuellement ; enfin, les poumons fatigués y aspirent avec avidité un air salubre, bien oxygéné, indispensable à leur fonctionnement normal.

Et si vous voulez, profitant d'un beau soleil, sortir de Plombières et faire quelques excursions aux alentours, prenez la route de Luxeuil, et allez voir le Val-d'Ajol et sa vallée splendide ;

voyez aussi la vallée des Roches, Hérival, la Croisette, la Beuille et Remiremont. Si, enfin, vous voulez jouir d'un spectacle plus grandiose encore, allez à Gérardmer et montez à la Schlucht et au Honeck. Et lorsque vous aurez contemplé tous ces sites plus ravissants les uns que les autres, ou nous nous trompons fort, ou vous avouerez qu'il n'existe pas dans la France entière un petit coin réunissant mieux tous les avantages d'une douce villégiature.

C'est sans doute une vallée pareille à celle-là que regrettait et que désirait ardemment revoir le tendre Virgile, lorsque, las de la grande cité d'Auguste, il jetait aux échos ces vers mélancoliques :

...O qui me gelidis in vallibus Hæmi
Sistat, et ingenti ramorum protegat umbra !

DU MÊME AUTEUR :

Considérations physiologiques sur la nature du goitre exophthalmique. 1873.

Notice sur les eaux thermales et en particulier sur celles de Plombières. 1874.

Sur quelques maladies nerveuses traitées par les eaux de Plombières. 1876.

Étude sur une épidémie de fièvre scarlatine. 1881.

Quelques réflexions sur une épidémie de fièvre typhoide. 1883.

Notice sur les étuves romaines de Plombières. 1886.

L'Alcool et l'alcoolisme. (*Couronné par la Société française de tempérance.*) 1888.

Sur l'Influenza (*Bulletin médical des Vosges*, avril 1890).

www.ingramcontent.com/pod-product-compliance
Lightning Source LLC
Chambersburg PA
CBHW060444050426
42451CB00014B/3216